ORGANISATION

DU

SUFFRAGE UNIVERSEL

Imprimerie de PILLET FILS AÎNÉ, rue des Gr.-Augustins, 5.

ORGANISATION

DU

SUFFRAGE UNIVERSEL

Par CH. BERTHÉ

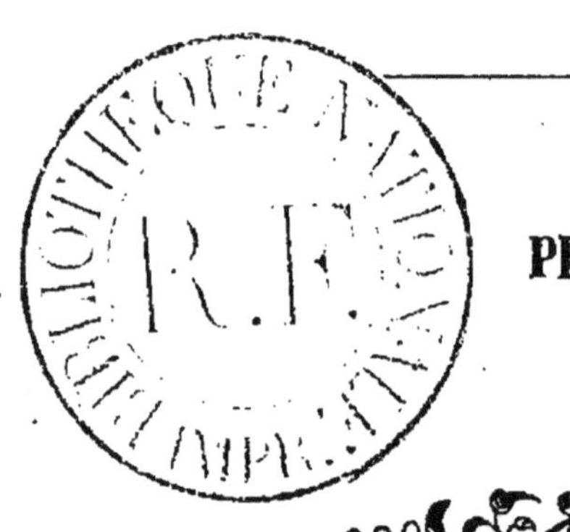

PRIX : **30** c.

PARIS

CHEZ GARNIER FRÈRES, ÉDITEURS

PALAIS-NATIONAL

MAI 1850

ORGANISATION

DU

SUFFRAGE UNIVERSEL

Depuis soixante ans, la France a des Assemblées représentatives. Pour nommer ces Assemblées, elle a essayé de tous les systèmes d'élection; elle en est aujourd'hui au suffrage universel.

A-t-elle enfin réussi, a-t-elle nommé des députés qui la représentent? A voir ce qui se passe sous nos yeux, depuis deux ans, je crois qu'on peut, sans témérité, répondre : Non, la France n'est pas représentée. Les opinions, les passions des Français peuvent avoir des représentants dans nos Assemblées; la France, c'est-à-dire les intérêts matériels et moraux dont se compose le pays, n'en a pas. Là, est le malheur du passé et du présent; là, est le malheur plus èffrayant de l'avenir.

Les électeurs censitaires nous donnaient pour députés des conservateurs, que M. de Lamartine appelait des bornes. Le suffrage universel, tel qu'il fonctionne aujourd'hui, doit-il nous donner désormais des démolisseurs?

Les élections du 10 mars et celles du 28 avril auraient levé tous les doutes à cet égard, s'il avait pu en exister dans quelques esprits.

L'avenir, avec notre système électoral, est aux démolisseurs.

Et le sort que nous réserve cet avenir, le voici : Ruine de l'état, ruine des particuliers, démoralisation des esprits, invasion étrangère, perte de la nationalité.

Ces craintes sont-elles chimériques? consultez l'histoire.

La Pologne, aussi, était une grande nation, ses soldats étaient braves, ses citoyens éclairés et intelligents, et cependant son système électoral la perdit, elle fut partagée. Livrée à l'anarchie, elle avait cessé d'être une nation.

En 1815, quand les Etrangers envahirent la France, la France était vaincue, mais elle avait encore son génie, son unité, ses traditions, elle était encore une nation, ils n'osèrent se la partager.

Mais qu'on se représente la patrie livrée au socialisme, qu'on songe à ce débordement de haines, de fureurs, de vengeances, d'appétits grossiers !

Les cataractes sont ouvertes, le flot envahit tout, ruine tout, détruit tout. Les généraux du socialisme tentent en vain d'arrêter leurs soldats, ils sont devenus les maîtres, il leur faut un gouvernement; et ces soldats leur demandent, en riant, ce qu'ils veulent dire, quand ils parlent de les gouverner; ils sauront bien se passer des chefs; ils n'en ont pas besoin pour faire leurs affaires.

Aussitôt, l'unité française est rompue, les liens, déjà relâchés, du glorieux faisceau sont brisés, et la guerre sociale commence de province à province, de clocher à clocher, de maison à maison. L'armée, qui était demeurée pure et intacte par ses traditions et sa discipline, l'armée, perdue au milieu de ce chaos, décapitée de ses chefs, découragée, humiliée, se dissout et se fond dans cette immense fournaise.

Alors, les deux millions de baïonnettes qui nous entourent s'ébranlent; l'étranger n'a plus d'armée à combattre, plus de citoyens à vaincre; il pousse, devant lui, ce troupeau d'hommes, et envahit nos provinces; la France n'est plus une nation, le socialisme l'a rendue partageable.

Et ce tableau n'est pas exagéré; ce sont des vérités, devenues déjà des lieux-communs, qui se retrouvent dans toutes les bouches, dans la plupart des écrits, et surtout dans tous les esprits.

Chacun veut conjurer le mal, et il semble que le remède n'existe pas. Les uns s'adressent au pouvoir: au président, à l'Assemblée, leur demandent des coups d'état, des lois impossibles; les autres s'étourdissent, ferment les yeux et attendent. Beaucoup songent peut-être à fuir. En attendant, nos ennemis se serrent, s'organisent, se recrutent et frappent déjà à la porte de l'Assemblée.

Cependant, le parti de l'ordre, disons mieux, le parti de la France, est en majorité dans le pays, dans le gouvernement, l'armée est prête et dévouée; l'émeute, si elle relevait la tête, serait écrasée; eh bien, ces gages de sécurité ne rassurent personne; la civilisation et le pays se sentent mourir, et il semble qu'il n'y ait plus rien à tenter pour les sauver.

Serait-il donc possible que cette France, que nos aïeux ont mis dix siècles à faire grande et glorieuse, dût s'éteindre si vite dans les mains de ses enfants indifférents ou dégénérés?

Quand l'émeute gronde dans la rue, nous prenons nos fusils, et nous allons combattre; quand elle est dans les esprits, et jusque dans l'urne du scrutin, n'hésitons pas à faire des lois de salut public, en cherchant dans nos institutions, même défectueuses, les armes que les révolutionnaires y ont oubliées.

Le mal, tout le monde le reconnaît, est dans notre système électoral. La plupart disent dans le suffrage universel. Cette dernière accusation est-elle absolument vraie, et le suffrage universel ne pourrait-il, comme la lance d'Achille, guérir les blessures qu'il aurait faites?

Certes, notre mode d'élection est ce qu'il y a de plus défectueux au monde, de plus contraire à la liberté et au but même pour lequel l'élection est instituée.

Le suffrage universel, comme il s'exerce, c'est le mensonge universel. La liberté du suffrage a toujours été le droit de choisir son candidat, et l'électeur ne choisit pas. Il ne vote pas pour nommer un représentant de son choix, mais pour exclure le candidat de ses adversaires. Sa liberté se résume au droit de jeter, dans l'urne, un petit bulletin imprimé qu'il n'a pas même besoin de lire, dès qu'il sait de quelle source il émane. Selon la couleur de ses opinions, il le reçoit des mains de l'Union électorale ou du Conclave socialiste. La machine a fonctionné, le représentant est élu.

Si nous faisons la critique du mode d'élection actuel, ce n'est pas que nous entendions blâmer l'institution des unions électorales qui centralisent les votes d'une même opinion, et les empêchent de s'égarer. Les unions électorales, en disciplinant les électeurs de la même opinion, ont rendu d'immenses services au pays ; mais, il faut le reconnaître, ce résultat n'a été obtenu qu'aux dépens de la liberté.

Que penser d'une loi qui, grâce au vote par département et au scrutin de liste, fait ainsi perdre de vue, à l'électeur, la personne de son candidat, ou l'expose à des erreurs que rien ne peut plus réparer ?

Avec le vote à la majorité absolue, l'électeur, après une épreuve sans résultat, pouvait s'éclairer, se rectifier ; avec le vote au scrutin de liste, tout est consommé du premier coup. Aussi, qu'il se garde bien de changer un nom, un seul nom, sur le bulletin que lui remet l'Union électorale, ce ne serait pas seulement une voix perdue pour son opinion, ce serait une voix donnée à ses adversaires.

Et que de piéges, que d'embûches dans cette élection de vingt-huit députés, dont la Constitution accable la conscience de l'électeur parisien !

Plus la liste est longue, plus elle est dangereuse ; le vote est devenu un véritable tour de force.

Les vingt-huit noms, outre la concurrence de la liste opposée, se font entre eux, une concurrence acharnée, et c'est la plus redoutable. Redoutable, surtout, pour l'homme éminent à qui les luttes politiques ont fait bien des admirateurs, mais aussi bien des ennemis, et surtout des envieux.

Son nom, placé au premier rang, sur un grand nombre de bulletins, manquera sur quelques autres, et l'homme obscur, dont la médiocrité n'humilia jamais l'orgueil de personne, placé, comme appoint seulement, au bas de la liste fatale, viendra prendre, dans l'urne, la place due au génie et au patriotisme.

Jusqu'à ce jour, heureusement, quelques sommités ont réussi à passer à travers les barreaux de cette grille que la Constitution avait placée entre elles et l'urne du scrutin, mais chaque élection rend et rendra l'entreprise plus difficile, et dans bien peu d'années peut-être, si la réforme électorale n'a pas lieu, l'Assemblée, qu'elle soit conservatrice ou socialiste, ne comptera plus dans son sein que des médiocrités. Pas une intelligence ne dépassera l'autre, et ce sera la réalisation la plus étrange de ce symbole trompeur que la République a inscrit sur nos monuments : l'Egalité !

Tels sont les fondements que la Constitution a donnés à notre système électoral.

J'ai indiqué quelques-uns de ses vices, il en est beaucoup d'autres et des plus graves ; je me suis borné à prendre ce qui s'est trouvé sous ma main, et cela est, je crois, suffisant pour démontrer la nécessité d'une réforme.

Qu'on ne croie pas cependant que, dans le projet que je soumets au gouvernement et à mes concitoyens, mon intention soit de porter atteinte à ces principes que la Constitution a donnés pour base à l'élection ; quelque défectueux qu'ils me paraissent, je les fais entrer dans le système électoral que je propose. Je n'ai point désiré la Constitution, mais c'est la loi de mon pays, et j'obéis toujours à la loi.

Le scrutin a prononcé, le représentant est élu, que représente-t-il ?

Selon nous, ce n'est pas la France avec ses intérêts matériels et moraux ; non ; il représente la multitude qui l'a nommé, ses passions, ses opinions peut-être ; mais ni ses intérêts, ni ses besoins ; et la raison en est simple : c'est que chaque électeur nomme chaque député, non pour représenter l'intérêt déterminé qui le concerne dans les intérêts généraux du pays, mais pour les représenter tous à la fois, sans distinction ; d'où il suit que le député n'en représente réellement aucun.

La mission du représentant mal définie, rend

sa politique vague et incertaine. N'ayant pas de but déterminé à poursuivre, il se lance plus facilement dans les abstractions. Au lieu des intérêts de ses commettants, ce sont leurs passions politiques qui l'envahissent et qui l'absorbent.

La conséquence forcée de cet état de choses, c'est une révolution. Celles qui ont affligé le pays n'ont pas de cause plus directe.

Que faire pour empêcher le retour de ces crises périodiques qui nous épuisent? Restituer à la représentation nationale son véritable caractère, nommer des représentants aux intérêts généraux du pays, et non à sa population. Il faut encore que ces représentants soient nommés, exclusivement, par les parties les plus spécialement intéressées, et qu'ils soient en nombre proportionné à l'importance de l'intérêt général qu'ils représentent.

Nous établirons plus loin que ce mode d'élection et de représentation n'est pas contraire à la Constitution qui nous régit, et que, loin d'ôter une parcelle de ses droits à chaque citoyen, il lui restitue l'exercice plein et entier de ceux dont le système électoral actuel l'avait dépouillé.

Quels sont les éléments ou intérêts généraux qui composent l'être moral qu'on appelle le pays?

Les voici, selon nous, avec le rang qui leur appartient, au point de vue de leur importance dans la représentation.

1° *La Propriété du sol et des rentes sur l'Etat;*

2° *L'Agriculture;*

3° *Le Commerce et l'Industrie;*

4° *Les Sciences, Arts et Administration;*

5° *Le Clergé, la Magistrature et le Corps des gens de justice;*

6° *L'Armée de terre et de mer.*

On me dira peut-être : dans la nomenclature que vous faites des intérêts généraux du pays, il en est qui ne figurent pas, et qui cependant ont un droit au moins égal aux autres, à la re-présentation. C'est, par exemple, l'honneur du pays, son indépendance, sa sécurité intérieure et extérieure, ses libertés.

Voici ma réponse : ces intérêts, selon moi, sont tous, sans exception, compris dans ceux que j'ai classés plus haut. Ils ne sont même des in-térêts du pays qu'à la condition qu'ils se ratta-chent à ceux-ci, autrement ils ne représen-tent plus que des abstractions toutes du domaine de la philosophie, mais sans importance quant au pays. Ainsi rattachés au faisceau des intérêts généraux, ils sont comme le sang qui par mille canaux va porter la vie et la fécondité dans tous les membres de ce grand corps qu'on appelle la France, en se répartissant entre chacun dans la mesure convenable pour le faire vivre et non pour l'oppresser.

Mon but, en prenant la plume, n'a pas été de formuler, article par article, un projet de loi électoral, mais seulement d'indiquer un moyen de réforme qui fût de nature à pourvoir aux nécessités les plus urgentes du pays, sans sortir de la Constitution.

Je serai donc très-bref et très-sobre de détails : je fais une brochure et non un livre ; j'expose une idée, je ne détaille pas un plan. Si cette idée, que je crois utile et juste, rencontre des partisans dans la presse et parmi les hommes politiques, ils la féconderont et la mettront en pratique.

Je serai forcé d'employer des chiffres, mais ce sera seulement pour rendre plus intelligible l'application de mon système, et non avec la prétention d'établir des calculs irréfutables.

Les chiffres d'ailleurs, comme on le verra, sont sans importance quant au plus ou moins de valeur de l'idée. Mais la statistique devant jouer un grand rôle dans la répartition des représentants et la classification des électeurs, l'administration peut seule fournir des données certaines et d'une exactitude rigoureuse. Quant à moi, n'ayant pas les matériaux nécessaires, je risquerais trop de me tromper. Je fais donc bon marché de mes chiffres ; mais, je le répète, leur plus ou moins d'exactitude est sans importance quant à la possibilité d'exécution de mon système.

J'ai classé, comme on l'a vu plus haut, les intérêts généraux du pays en raison de leur importance ; je justifierai plus loin l'ordre dans lequel je les ai placés. Il s'agit maintenant de répartir, entre ces divers intérêts généraux, les représentants de la France, et de donner, à chacun de ces intérêts, la part légitime qui lui revient dans la représentation.

Ici, pour que le lecteur saisisse plus facilement le but et la portée de ce projet de réforme électorale, je suis forcé de poser des chiffres ; mais il est convenu que ces chiffres ne sont qu'hypothétiques, et que je ne garantis nullement l'exactitude de ma répartition.

Chaque classe d'intérêts généraux sera représentée dans l'Assemblée nationale de la manière suivante : chacune aura, savoir :

1º La Propriété. . . . . 200 représ.
2º L'Agriculture 180
3º Le Commerce et l'Industrie 170
4º Les Sciences, Arts et Administration. 90
5º Le Clergé, la Magistrature. 80
6º L'Armée de terre et de mer 30
____
Total. . . . . 750 représ.

Ce nombre est celui fixé par la Constitution, pour les Assemblées législatives. Il est de neuf cents, pour les Assemblées constituantes ; dans ce dernier cas, il y aura lieu de répartir les cent cinquante représentants de surplus, entre les différentes classes, d'après les proportions établies plus haut.

Aux termes de la Constitution, les Députés doivent être nommés par départements ; comment, dans le système que je propose, seront-ils répartis entre chacun d'eux ? En nombre égal à celui fixé par la loi actuelle.

Ainsi, il y aura toujours, pour les Assemblées législatives, 28 députés à nommer dans le département de la Seine; seulement, ils seront nommés dans chaque catégorie, et exclusivement par les électeurs de ces catégories en nombre proportionné aux intérêts généraux que comporte le département de la Seine. Ainsi, tant de représentants à la propriété; tant au commerce et à l'industrie; tant aux sciences et arts, etc.

Inutile d'ajouter que ces représentants pourront toujours être choisis parmi tous les citoyens, sans distinction de classes, pourvu qu'ils remplissent les conditions imposées par l'article 26 de la Constitution.

Le droit des électeurs n'est pas limité.

Voyons, maintenant, quels sont les électeurs appelés à voter dans chacune de ces catégories.

1° Propriété du sol, Propriété des rentes sur l'État.

Ce n'est pas sans raison que nous avons placé la propriété du sol au premier rang. Elle est à la fois la base et le rempart de la société civilisée.

Nous lui devons, dit un célèbre jurisconsulte, l'établissement de l'état civil. Donc, sans elle, pas de citoyens, pas de patrie.

La propriété est donc le premier des intérêts généraux du pays, elle doit occuper la première place dans la représentation nationale.

Le plan de cet ouvrage ne nous permet pas de nous étendre davantage sur ce sujet. Nous prévoyons d'ailleurs peu d'objections, et nous renvoyons, avec toute sécurité, les contradicteurs à l'admirable ouvrage de M. Thiers sur la propriété.

Nous avons assimilé, pour les droits à la représentation, la propriété de la rente sur l'Etat à la propriété du sol ; faisant ainsi du grand-livre une nouvelle province électorale de la France.

La rente sur l'Etat nous a paru avoir droit à cette préférence. Elle constitue, en effet, pour le pays, un intérêt aussi sacré que celui de la propriété du sol. Elle n'est pas non plus un intérêt privé, mais un intérêt général. Le crédit de l'Etat repose tout entier sur elle. Le créancier en prêtant son argent au pays, de confiance et à toujours, car à l'Etat seul appartient le droit de se libérer, a acquis un droit égal à celui du propriétaire. Il n'y a pas d'antagonisme possible entre les deux valeurs. Le prix de l'une augmente ou diminue toujours en proportion du prix de l'autre. Le coup qui frappe la première atteint également la seconde.

Cette similitude établie entre elles, au point de vue électoral, nous a paru en outre de nature à fortifier le crédit de l'État, à augmenter la confiance des prêteurs, et à faciliter de nouveaux emprunts, si les nécessités du Trésor obligeaient d'y recourir.

Les électeurs de la propriété se composeront donc des propriétaires d'immeubles et des propriétaires de rentes nominatives sur l'État, et cela sans avoir égard au plus ou moins d'importance de leurs propriétés ou de leurs rentes. Le palais n'aura qu'un droit égal à la chaumière, le coupon du petit rentier marchera de pair avec l'inscription du riche.

Le prêteur sur hypothèque, le nu-propriétaire et l'usufruitier auront chacun un vote. Ils concourront tous également, quel que soit leur nombre à la nomination des représentants de la propriété que la répartition légale aura dévolus à leur département.

Nous n'avons compris parmi les électeurs de la propriété que les propriétaires d'immeubles, laissant de côté la propriété mobilière, à l'exception des rentes sur l'État, et des créances hypothécaires.

Ce n'est pas que la propriété des valeurs mobilières ne soit aussi un des intérêts généraux du pays ; mais par son instabilité, la nature des éléments dont elle se compose, elle nous a paru appartenir plutôt à une autre classe , celle du commerce et de l'industrie.

Elle est, la plupart du temps, moins l'objet d'un placement que d'une spéculation. Elle n'a rien de fixe, augmente ou diminue, au sein du pays, selon les circonstances. Pouvant se transporter d'un pays à l'autre, elle est moins française que cosmopolite , et n'offre pas de base certaine pour le système électoral.

La propriété immobilière, au contraire, comme celle mobilière de la rente , est assise sur des bases fixés. Elle ne se déplace jamais , on sait toujours où la trouver ; elle n'augmente ni ne diminue. Je me trompe quant à la rente, elle augmente toujours et ne diminue jamais.

2° Agriculture.

Bien que, dans l'origine des sociétés humaines, l'agriculture ait précédé la propriété, nous avons dû la mettre au second rang.

Elle n'a dû sa sécurité et ses progrès qu'à la propriété. C'est seulement, dit M. Toullier, lorsque la possession du sol est devenue permanente entre ses mains, que l'agriculteur a pu assurer les fruits de son travail. Sans la propriété permanente, la terre eût continué d'être une vaste forêt.

L'agriculture n'occupera donc que le second rang, mais nul autre intérêt que celui de la propriété n'a le droit de marcher avant elle.

Elle est la principale richesse du pays qu'elle nourrit. C'est elle qui lui fournit ses meilleurs soldats, les plus robustes, les plus patients, les mieux disciplinés.

Ses électeurs seront tous les cultivateurs, métayers, forestiers ; depuis l'opulent fermier, le riche vigneron, jusqu'au simple laboureur, jusqu'au plus pauvre ouvrier des campagnes.

3° Commerce et Industrie.

Chez certaines nations, le commerce et l'industrie occupent la première place. En France, quelle que soit leur importance, ils ne nous semblent devoir être classés qu'après la propriété et l'agriculture, parmi les intérêts généraux du pays. C'est pourquoi nous leur avons attribué un nombre de représentants inférieur à ces deux premiers intérêts ; mais à une distance très-rapprochée, et dans une proportion qui leur assure une représentation suffisante et équitable de leurs droits.

Ils auront pour électeurs tous les commerçants, banquiers, agents de change, négociants, marchands, commissionnaires en marchandises, courtiers, manufacturiers, fabricants, industriels, etc., chefs d'ateliers, commis, employés, ouvriers, tout ce qui vit du commerce et de l'industrie, tout ce qui exerce une industrie quelconque qui n'est pas en contravention aux lois ; s'y trouveront compris, les cochers, commissionnaires, hommes de peine, serviteurs à gages, etc., etc.

4° Sciences, Arts, Administration.

Cet ordre d'intérêts comprend une partie des forces intellectuelles du pays ; cependant, au point de vue électoral, il doit avoir ses représentants dans une proportion beaucoup moins grande que les précédents.

Nous y avons compris l'administration, en voici la raison :

D'abord, la science administrative doit avoir sa place parmi les autres. Son importance, dans l'État, est considérable. C'est elle qui met en mouvement le gouvernail de l'immense vaisseau. Si son action s'arrêtait un jour, tout péricliterait.

Ensuite, les intérêts des fonctionnaires et employés exigent qu'elle ait ses représentants. Bien que la Constitution, violant en cela les principes de l'égalité, lui ait refusé de les choisir dans son sein elle pourra toujours les prendre ailleurs, et, au moins, elle sera représentée.

J'ai cherché, autant que possible, à restreindre le nombre des catégories, me conformant en cela à l'esprit de la Constitution qui, en élargissant le cercle des électeurs, a eu surtout en vue d'empêcher la corruption de s'exercer sur eux. Donc, moins il y a de catégories, plus il y a d'électeurs dans chacune.

J'ajouterai que l'administration et les sciences sont sœurs, et que, pendant bien longtemps, peut-être même encore, les sciences et les arts n'ont eu qu'elle à peu près seule pour les représenter et les protéger dans le parlement.

Concourront à l'élection, dans cette catégorie, les académies, les corps savants, les professions libérales, les savants, les hommes de lettres, les artistes, les professeurs, directeurs de colléges ou d'écoles, les instituteurs, les élèves des écoles qui auront atteint l'âge requis par la Constitution, les médecins, ingénieurs civils, architectes, etc., les fonctionnaires publics et employés de l'État, des départements et des communes.

C'est ici le lieu de placer une observation qui peut s'appliquer également à toutes les catégories.

Lorsque dans un département l'importance de l'un des intérêts généraux ne sera pas telle que cet intérêt doive y avoir un représentant, les électeurs de cette catégorie ne seront pas privés pour cela du droit de voter dans leur catégorie; seulement, leurs suffrages iront se réunir à ceux du département le plus voisin qui aura un représentant de cette classe à nommer. Cela se pratique ainsi déjà pour les votes de l'armée. Les soldats votent au régiment, mais pour nommer les représentants du département où ils étaient domiciliés avant leur entrée au service. Le procès-verbal de leurs votes est envoyé au chef-lieu de ce département.

Dans le système électoral qui nous régit, ce sont les hommes qui sont représentés, le suffrage du soldat est acquis au candidat de son département.

Dans mon système, au contraire, c'est un intérêt général; le vote de l'électeur va concourir là où cet intérêt général doit avoir un représentant.

Ainsi, par exemple, dans le département de la Seine, l'intérêt agricole est trop faible, en comparaison des autres intérêts généraux, pour être représenté; les électeurs de l'agriculture domiciliés dans ce département, voteront dans

leurs sections, mais concourront avec les électeurs du département de Seine-et-Oise, où l'intérêt agricole est assez prédominant pour y avoir
des représentants.

5° Clergé, Magistrature, Corps des gens de justice.

L'observation que nous avons faite, en commençant, pour la catégorie des sciences et arts, s'applique également au clergé et à la magistrature.

Certes, la religion et la justice sont les premiers besoins du pays, cependant, le nombre de leurs représentants dans l'Assemblée ne peut être en raison directe de la grandeur de leur mission près des citoyens, mais de leur degré d'importance parmi les autres intérêts généraux.

Nous avons réuni le clergé à la magistrature, parce qu'il ne nous a pas paru possible de les séparer, tant est puissant le lien qui les unit pour les intérêts d'ici-bas.

La religion et la justice doivent marcher ensemble. L'une est toujours le flambeau de l'autre et les intérêts de leurs ministres n'ont rien qui puisse les diviser.

D'ailleurs, en classant à part le clergé, on risquait de tomber dans de graves inconvénients. Comment, par exemple, aurait-on pu faire voter ensemble les prêtres catholiques et les ministres des cultes protestant et hébraïque? L'antagonisme, entre eux, eût été trop grand; tandis qu'en mêlant leurs votes à ceux de la magistrature, cet antagonisme disparaît.

Cette catégorie aura ses électeurs parmi les prêtres catholiques, élèves des séminaires, ministres des autres cultes reconnus par la loi, élèves des facultés de théologie protestantes et hébraïques; magistrats, greffiers, avocats, officiers ministériels, agréés au tribunal de commerce, etc.

6° Armée de terre et de mer.

On s'est demandé si l'armée devait voter dans les élections? Certes, si la Constitution était à refaire, elle devrait contenir, à ce sujet, une interdiction formelle.

La force armée, dit la Constitution, ne doit

pas délibérer, et, cependant, elle ne l'exclut pas du vote.

Toute participation du soldat à la politique tend au relâchement de la discipline, et tout relâchement, dans la discipline, est un échec pour l'armée.

Nous n'avons pas, malheureusement, à discuter cette question du vote des soldats, et il nous semble difficile de changer l'état de choses actuel, sans porter atteinte à la Constitution.

En admettant donc que l'armée soit appelée à voter, nous pensons que le système d'élection proposé tend à atténuer le mal.

Le soldat, en donnant son vote pour un représentant de l'armée, se préoccupera moins de la politique des partis, et plus de l'intérêt qu'il s'agit de représenter. Dans tous les cas, il saura beaucoup mieux ce qu'il fait, et son suffrage aura une expression plus vraie et plus rationnelle.

Les électeurs de cette catégorie seront : les maréchaux de France, les militaires en retraite, les invalides, les vétérans, la gendarmerie, la garde républicaine, les élèves des écoles militaires où l'engagement militaire est exigé ; l'armée de ligne, la flotte, les matelots de l'inscription maritime, seulement pendant leur service militaire actif, etc.; enfin, tout citoyen inscrit sur les contrôles de l'armée de terre et de mer.

—

Nous avons classé, d'abord, les intérêts généraux, puis les électeurs, selon leurs droits, dans chacune de ces catégories. Nous croyons n'avoir laissé personne en dehors ; le vote sera donc universel, comme le veut la Constitution.

Il existe, cependant, une classe d'individus qui ne sont pas compris, et qui ne doivent pas, selon nous, être compris dans la liste électorale.

Ce sont les hommes qui ne sont ni propriétaires, ni rentiers, ni commerçants, agriculteurs, ouvriers, hommes à gages, travailleurs enfin ; qui ne vivent d'aucune industrie reconnue ou avouable, dont l'existence est un problème, et qui, cependant, fourmillent sur le pavé des grandes villes. Ces hommes-là ne sauraient être des électeurs.

Ils peuvent être des orateurs de clubs, des

chefs de barricades, des promoteurs de guerre civile ; ils ne sont pas des citoyens. La loi les appelle des vagabonds et des gens sans aveu. N'ayant aucun intérêt particulier dans les intérêts généraux du pays, ils ne doivent pas être admis à nommer au pays des représentants. Que leur importe, aux uns et aux autres, que la maison brûle, si aucune pierre de l'édifice ne leur appartient ?

Je leur dirai à tous : Si vous voulez avoir des droits politiques, faites-vous classer.

Chevaliers d'industrie du prolétariat, il vous est facile de prendre rang parmi les travailleurs. Alors, les abords de l'urne électorale ne vous seront plus fermés, et l'on a droit d'espérer que le travail vous moralisera.

L'article 27 de la Constitution porte que la loi électorale déterminera les causes qui peuvent priver un citoyen français du droit d'élire et d'être élu. Les causes de l'exclusion étant justes et fondées, l'application de l'article sera facile.

Maintenant, si l'on me demande : Le système que vous proposez est-il praticable, est-il juste et équitable, est-il conforme à l'esprit de la Constitution ?

Je répondrai hardiment : Oui !

Il est praticable. En effet, tous les éléments existent, il ne s'agit que de prendre les listes électorales actuelles, et de classer les électeurs selon leur catégorie.

Pour arriver à une répartition équitable de chacun suivant ses droits, il y aura, sans doute, des vérifications à faire. Ces difficultés de détail sont faciles à résoudre. Pour le plus grand nombre, les moyens de vérification et les preuves existent, complets, incontestables.

Pour les propriétaires : leurs titres de propriété, le cadastre, la matrice du rôle de la contribution foncière. Ici, le cens n'est pas une condition de l'élection, c'est seulement un moyen de vérification.

Pour les rentiers de l'Etat, les prêteurs sur hypothèque : l'inscription de rente, la grosse de l'obligation hypothécaire.

Pour les commerçants, les industriels : la patente. Une foule d'industries, où la patente n'est pas exigée, sont classées, par mesure d'ordre, sur les registres de l'administration de la police, qui délivre, à ces industriels, soit des livrets, soit des permissions ou des médailles, et, dans tous les cas, tient état de leurs noms, de leurs professions, de leur demeure. Ici encore, la vérification est facile.

Il en est de même, à plus forte raison, pour les fonctionnaires publics, médecins, ingénieurs civils, architectes, professeurs, instituteurs, pour les membres du clergé, pour les gens de justice, pour l'armée. Là, tout est parfaitement réglé, ordonné. Le doute est impossible.

Les ordonnances de nomination, les diplômes, les brevets, l'inscription aux tableaux, les certificats de stage, les contrôles, fournissent des titres irrécusables.

Quant aux professions où ces éléments n'existent pas, il est facile d'y suppléer par des certificats des juges de paix, des maires, des patrons ; ceux-ci appuyés du témoignage de deux citoyens. Les conseils généraux, les conseils de préfecture, les chambres syndicales, des commissions, des jurys d'examen, prononcent en premier ressort sur les réclamations des électeurs, qui peuvent attaquer leurs décisious devant les Cours d'appel, ainsi que cela se pratique aujourd'hui, avec le recours en cassation.

Je ne vois rien, dans tout cela, qui puisse fournir matière à des difficultés sérieuses.

Une seule n'a pas paru grave, mais la solution est loin d'en être impossible.

Dans quelle catégorie rangera-t-on l'électeur qui réunit plusieurs qualités ?

Tel peut être, à la fois, propriétaire, rentier et commerçant, ou agriculteur, ou magistrat, ou savant, ou militaire. La loi laissera-t-elle l'option à l'électeur ; ou bien le classera-t-elle d'office, arbitrairement; ou bien le classera-t-elle selon le degré d'importance de chacun de ses intérêts?

Cette dernière solution nous paraîtrait la meilleure, et dans tous les cas la plus logique. Chaque citoyen, en effet, concourt à l'élection selon l'intérêt qu'il représente plus spécialement dans les intérêts généraux du pays. Toutefois, nous ne trancherons pas la question. Sa solution est, en partie, subordonnée au résultat de calculs statistiques que l'administration a seule les moyens d'établir d'une manière certaine.

Le système proposé n'a donc, dans l'exécution, rien qui ne soit possible, ni même facile.

Maintenant, il s'agit d'examiner s'il est juste et équitable, s'il n'est pas contraire à la Constitution ; là, est toute la question, nous l'examinerons avec scrupule et impartialité.

Nous ne nous dissimulons pas d'abord, que cette réforme est radicale, que ce système électoral n'a de précédents dans l'histoire d'aucun peuple, si ce n'est peut-être à Rome, à l'époque de sa fondation.

En tout autre temps que celui où nous vivons, proposer un pareil projet serait une témérité. Quand un gouvernement marche à peu près, il faut prendre garde de l'arrêter, même pour l'améliorer ; le plus souvent, on l'ébranle et on le renverse.

Mais quand on songe à la destinée que la révolution nous a faite ; quand la France, la société, la civilisation peuvent compter les jours qui leur restent à vivre, par le nombre de jours qui nous séparent des élections générales, comme le médecin compte les instants du malade par le nombre des pulsations de son cœur ; alors l'hésitation n'est plus permise, l'audace devient prudence et sagesse, et tout projet, dont le résultat, *infaillible*, est de

sauver le pays et la société, doit être ac-
cepté, même quand il s'écarte le plus de nos ha-
bitudes, je dirais presque de nos routines politiques.

Je résume ainsi les objections que l'on peut
faire à mon projet :

La République française, me dira-t-on, est
démocratique, vous la faites aristocratique ;

Vous rétablissez les classes et les priviléges ;

Vous détruisez l'égalité entre les citoyens ;

L'élection n'a plus pour base la population,
comme le veut l'article 23 de la Constitution ;

En conséquence, vous violez la Constitution.

J'accorde, il est vrai, que les auteurs de la
Constitution, quand ils l'ont enfantée dans les
douleurs et dans les larmes, n'ont pas eu en
vue un système électoral semblable à celui que
je propose. Mais qu'importe, si, dans le champ
où ils l'ont assise, ils ont réservé à la loi d'é-
lection un espace libre, assez vaste pour dif-
férents systèmes, en leur traçant seulement
les limites qu'ils ne doivent pas franchir.

Ces limites, je ne les ai point dépassées.

Non ! il n'est pas vrai de dire que la représentation nationale aura une base aristocratique.

Si telle classe d'intérêts généraux est supérieure à l'autre dans le pays, ce n'est point la volonté du législateur qui établit cette supériorité, c'est la nature des choses.

Donc, je ne crée point une distinction aristocratique entre ces intérêts.

Y a-t-il une puissance législative au monde, qui puisse empêcher que l'intérêt de la propriété ne soit, en France, plus important que l'intérêt de l'agriculture? que ce dernier ne l'emporte sur le commerce et l'industrie? et ainsi de suite.

Il n'y a d'aristocratie que là où la volonté humaine établit une distinction entre deux citoyens quand la nature n'en a pas mis entre eux.

Or, c'est la nature des choses qui fait que celui qui possède a plus d'intérêt à nommer des représentants à la propriété, que celui qui ne possède pas ; qui donne le pas à l'agriculteur sur le propriétaire, quand il s'agit de l'agriculture ; au commerçant sur l'agriculteur, quand il s'agit du commerce, et *vice versâ*.

Ce ne sera pas la faute de la loi, si la classe des propriétaires, quoique beaucoup moins nombreuse que la classe des commerçants, nomme cependant plus de représentants que cette dernière. C'est la nature des choses qui fait qu'il y a en France plus de commerçants que de propriétaires, mais il ne s'ensuit pas que l'intérêt du commerce soit supérieur à celui de la propriété, et que les commerçants doivent nommer des représentants à la propriété.

Il y aurait aristocratie, si, dans chaque classe, l'électeur le plus favorisé par la fortune avait un droit de vote plus étendu que son concitoyen plus pauvre qui fait partie de la même classe que lui. Mais l'égalité n'est-elle pas complète, là où la loi fait voter, ensemble *ex æquo*, le propriétaire du château et celui de la chaumière ; où elle met sur le même rang, le comptoir du riche négociant et l'échoppe du marchand ambulant.

Donc, je le répète, je suis fondé à dire qu'il n'y a rien d'aristocratique dans ce projet. Il ne rétablit pas davantage les priviléges et les distinctions aristocratiques entre les différentes classes de citoyens.

Je crois avoir prouvé, plus haut, qu'il n'y avait pas de privilége, là où la différence, dans l'importance des votes, ne venait pas de la loi, mais de la nature des choses.

Quant au reproche de rétablir les corporations et de créer des classes et des distictions contraires au principe démocratique, il ne me semble pas mieux fondé.

La classification que j'ai faite des électeurs n'est pas arbitraire; je ne l'ai point créée, je n'ai fait que constater et régulariser ce qui existait.

Nous sommes tous classés, dans ce monde, selon la profession que nos auteurs nous ont transmise ou que nous avons choisie nous-mêmes.

Notre profession fait partie de notre état civil. Elle est inscrite, avec nos noms et notre domicile, dans tous les actes publics, elle établit notre individualité.

Il est donc juste de dire que cette classification des citoyens, selon la nature de leurs professions, n'est pas, dans notre système, un caprice du législateur, mais une conséquence de l'état social dans lequel nous vivons.

Quant au reproche de détruire l'égalité entre les citoyens, non-seulement je le repousse, mais je prétends même que, seule, la loi d'élection actuelle l'avait fait disparaître et que le système proposé la rétablit.

Quand la Constitution dit : « que la République française a pour principe l'égalité, » elle a voulu parler de l'égalité des droits. M. Dupin, dans son *Commentaire sur la Constitution,* explique, que par égalité il faut entendre l'égalité de droit et non de fait; car, ajoute-t-il, celle-ci n'existe ni dans la nature, ni dans les capacités, ni dans les fortunes.

Or, l'égalité des droits est-elle observée là où celui qui ne possède pas est placé, pour nommer un représentant à la propriété, sur le même rang que celui qui possède? Le droit de ce dernier n'est-il pas opprimé par le suffrage de l'autre? Celui-ci n'empiète-t-il pas sur les droits de celui-là ?

Il ne suffit pas, pour qu'il y ait égalité, que chacun puisse faire la même chose, il faut encore que chacun ne puisse faire que ce qu'il a le droit de faire. Il faut que l'exercice du droit de chacun soit entier.

Disons, d'ailleurs, que du moment qu'il s'agit de nommer des représentants aux intérêts généraux, et non aux populations, l'égalité consiste à répartir les représentants de la France, d'une manière équitable, entre ces intérêts généraux, de façon que chacun d'eux ait juste la représentation qui lui appartient, en proportion de son importance dans le pays, eu égard aux autres. La question d'égalité est là tout entière, et non dans le nombre plus ou moins grand d'électeurs qui concourront à ces nominations.

J'arrive à l'objection tirée de l'article 23 de la Constitution ainsi conçu :

« L'élection a pour base la population. »

Qu'est-ce que cela veut dire ?

Cela veut dire que, pour déterminer le nombre des représentants, on doit prendre pour base le chiffre de la population ; qu'ils doivent être en nombre proportionnel au nombre des habitants.

Cet article ne veut pas dire autre chose.

Le système que je propose n'a rien qui lui soit contraire. Je ne change rien, quant au nombre des représentants. Il sera de 750, répartis, entre les départements, dans les proportions qui existent actuellement ; c'est-à-dire, environ un représentant par quarante-cinq mille habitants.

La base de l'élection n'est pas changée ; mais si l'élection a pour base la population, elle a pour motif, elle doit avoir pour résultat, la nomination des représentants non de la *population*, mais de la *France*, ainsi que le prescrit l'article 34.

Or, la population n'est pas la France, les Français sont les enfants, les serviteurs, les défenseurs du pays, ils ne sont pas le pays.

Le pays, comme nous croyons l'avoir prouvé, c'est la réunion des intérêts généraux de la France.

Donc, nous sommes dans les termes de la Constitution, quand nous proposons de nommer des représentants aux intérêts généraux, et non aux populations comme cela se pratique aujourd'hui.

En résumé, le système électoral proposé n'est pas contraire à la Constitution.

Tout Français âgé de 21 ans, et jouissant des droits civils et politiques, est électeur, sans condition de cens.

L'élection a toujours pour base la population.

Le suffrage est direct et universel.

Les élections se font par département et au scrutin de liste.

C'est la France elle-même qui a des représentants, et non plus sa population ; ce qui est plus conforme à la raison, à la justice et au véritable intérêt du pays.

Une dernière considération, et je termine.

Ces intérêts, qu'il s'agit de représenter, sont-ils bien des intérêts généraux ?

Oui, car ils sont tous indispensables à l'existence du pays.

Que serait la France sans la propriété, ou sans l'agriculture, le commerce, la religion, la justice, l'armée ?

Si l'un de ces intérêts, seulement le plus minime, venait à manquer, la France périrait.

C'est à ce signe qu'on peut reconnaître, d'une manière certaine, si tel intérêt est ou général ou seulement particulier.

Si chacun d'eux a son côté matériel, il a également son côté moral ; ainsi, l'on ne peut m'accuser de matérialiser la représentation.

Si les électeurs votent spécialement, dans chaque catégorie où ils ont un intérêt particulier, c'est seulement par un motif de justice et d'équité, mais ce vote ne peut avoir pour résultat de donner la préférence aux intérêts matériels, sur les intérêts moraux, car l'intérêt général auquel il donne un représentant, n'est pas toujours d'accord avec l'intérêt privé de l'électeur.

L'intérêt général du commerce n'est pas toujours l'intérêt du commerçant; l'intérêt de l'armée, celui du soldat.

On ne peut craindre non plus qu'il y ait d'antagonisme possible entre ces intérêts généraux. Ils sont trop distincts et en même temps trop solidaires les uns des autres. Ils se meuvent ensemble, non pour se combattre, mais pour concourir au but commun, la grandeur du pays !

Ici doit s'arrêter ma tâche.

Quelque incomplet que soit l'exposé de ce plan de réforme, chacun a pu embrasser, d'un coup-d'œil, les avantages qu'il renferme.

Il est la solution pacifique de la crise qui menace de nous anéantir.

Il restitue, à la représentation nationale, le

caractère qu'elle doit avoir, qu'elle n'aurait jamais dû perdre : la représentation du pays, et non des passions de ses citoyens!

Les Assemblées, nommées pour un but mieux déterminé, perdront moins de vue les intérêts généraux qu'elles sont appelées à défendre.

La politique purement spéculative, la politique irritante qui les absorbe aujourd'hui, descendra au second rang.

L'ordre, rétabli dans le suffrage universel, rentrera plus facilement dans les esprits, et la France, se sentant enfin gouvernée, ne cherchera plus dans les révolutions ces remèdes extrêmes qui l'énervent sans la guérir.

Quant à l'électeur, quelle que soit l'ardeur de ses opinions politiques, il sera obligé, malgré lui, à son insu, lorsqu'il déposera son bulletin dans l'urne, à mieux examiner la valeur de son candidat, sa spécialité, son mérite personnel.

Pour la masse du peuple qui est restée étrangère aux préoccupations de l'esprit de parti, l'élection aura une signification plus claire, plus positive.

Chacun, sachant mieux ce qu'il a à faire, le fera mieux, et peut-être la France trouvera-t-ella enfin la solution de ce problème qu'elle cherche en vain depuis soixante ans : *l'ordre dans la liberté.*

FIN.